兒童文學叢書
・音樂家系列・

再見，新世界

愛故鄉的德弗乍克

程明琤／著

朱正明／繪

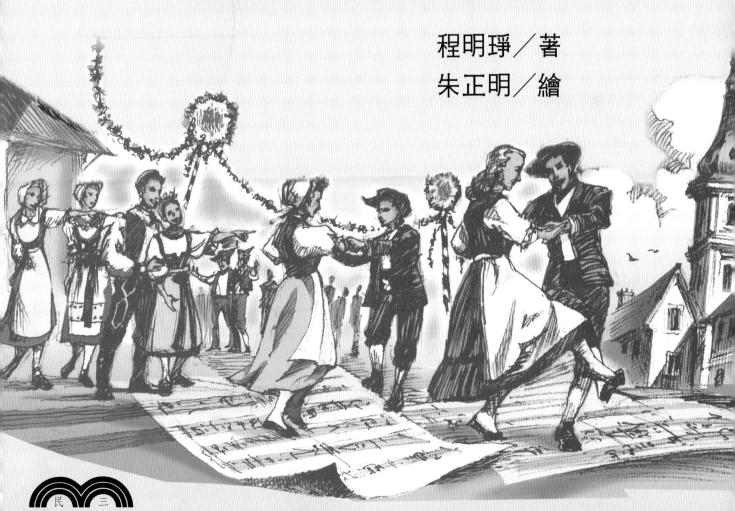

民 三

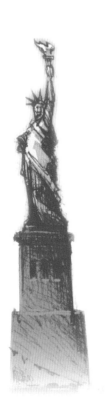
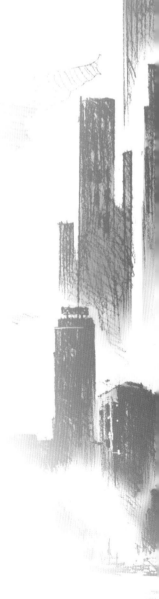

國家圖書館出版品預行編目資料

再見，新世界:愛故鄉的德弗乍克 / 程明錚著;朱正
明繪.－－初版一刷.－－臺北市；三民，2003
面；　公分－－(兒童文學叢書. 音樂家系列)

ISBN 957-14-3819-7　(精裝)

1.德弗乍克(Dvořák,Antonín,1841-1904)-傳記-
通俗作品

2.音樂家-捷克-傳記-通俗作品

910.99443　　　　　　　　　　92003455

網路書店位址：http://www.sanmin.com.tw

ⓒ　再見，新世界
　　　──愛故鄉的德弗乍克

著作人　程明錚
繪　圖　朱正明
發行人　劉振強
著作財
產權人　三民書局股份有限公司
　　　　臺北市復興北路386號
發行所　三民書局股份有限公司
　　　　地址／臺北市復興北路386號
　　　　電話／(02)25006600
　　　　郵撥／0009998-5
印刷所　三民書局股份有限公司
門市部　復北店／臺北市復興北路386號
　　　　重南店／臺北市重慶南路一段61號
初版一刷　2003年4月
編　號　S 91058
精裝定價　新臺幣參佰貳拾元整
平裝定價　新臺幣貳佰捌拾元整
行政院新聞局登記證局版臺業字第○二○○號

在音樂中飛翔
（主編的話）

喜歡音樂的父母，愛說：「學音樂的孩子不會變壞。」

喜愛音樂的人，也常說：「讓音樂美化生活。」

哲學家尼采說得最慎重：「沒有音樂，人生是錯誤的。」

音樂是美學教育的根本，正如文學與藝術一樣。讓孩子在成長的歲月中，接受音樂的欣賞與薰陶，有如添加了一雙翅膀，更可以在天空中快樂飛翔。

有誰能拒絕音樂的滋養呢？

很多人都聽過巴哈、莫札特、貝多芬、舒伯特、蕭邦以及柴可夫斯基、德弗乍克、小約翰‧史特勞斯、威爾第、普契尼的音樂，但是有關他們的成長過程、他們艱苦奮鬥的童年，未必為人所知。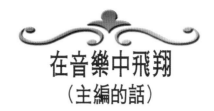

這套「音樂家系列」叢書，正是以音樂與文學的培育為出發，讓孩子可以接近大師的心靈。經過策劃多時，我們邀請到旅居海外，關心兒童文學的華文作家為我們寫書。他們不僅兼具文學與音樂素養，並且關心孩子的美學教育與閱讀興趣。作者中不僅有主修音樂且深諳樂曲的音樂家，譬如寫威爾第的馬筱華，專精歌劇，她為了寫此書，還親自再臨威爾第的故鄉。寫蕭邦的孫禹，是聲樂演唱家，常在世界各地演唱。還有曾為三民書局「兒童文學叢書」撰寫多本童書的王明心，她本人除了擅拉大提琴外，並在中文學校教小朋友音樂。

作者中更有多位文壇傑出的作家，如程明琤除了國學根基深厚外，對音樂如數家珍，多年來都是古典音樂的支持者。讀她寫愛故鄉的德弗乍克，有如回到舊時單純的幸福與甜蜜中。韓秀，以她圓

熟的筆，撰寫小約翰・史特勞斯，讓人彷彿聽到春之聲的祥和與輕快。陳永秀寫活了柴可夫斯基，文中處處看到那熱愛音樂又富童心的音樂家，所表現出的《天鵝湖》和《胡桃鉗》組曲。

而由張燕風來寫普契尼，字裡行間充滿她對歌劇的熱情，也帶領讀者走入普契尼的世界。

第一次為我們叢書寫稿的李寬宏，雖然學的是工科，但音樂與文學素養深厚，他筆下的舒伯特，生動感人。我們隨著《菩提樹》的歌聲，好像回到年少歌唱的日子。邱秀文筆下的貝多芬，讓我們更能感受到他在逆境奮戰的勇氣，對於《命運》與《田園》交響曲，更加欣賞。至於三歲就可在琴鍵上玩好幾小時的音樂神童莫札特，則由張純瑛將其早慧的音樂才華，躍然紙上。莫札特的音樂，歷經百年，至今仍令人迴盪難忘，經過張純瑛的妙筆，我們更加接近這位音樂家的內心世界。

許許多多有關音樂家的故事，經過作者用心收集書寫，我們才了解這些音樂家在童年失怙或艱苦的日子裡，如何用音樂作為他們精神的依附；在充滿了悲傷的奮鬥過程中，音樂也成為他們的希望。讀他們的童年與生活故事，讓我們在欣賞他們的音樂時，倍感親切，也更加佩服他們努力不懈的精神。

不論你是喜愛音樂的父母，還是初入音樂領域的孩子，甚至於是完全不懂音樂的人，讀了這十位音樂家的故事，不僅會感謝他們用音樂豐富了我們的生活，也更接近他們的內心，而隨著音樂的音符飛翔。

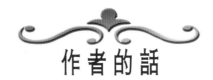

我從小好像和音樂沒有什麼緣分，小學六年是在家裡度過的。到了中學，雖然課程表上有了音樂課，但也只是由老師彈琴指導唱歌而已。

有一次，老師教了一首《念故鄉》：

……念故鄉，故鄉真可愛，

天氣清，風生涼，鄉愁陣陣來……

那首歌的旋律十分優美恬靜，帶著幾分感傷。唱著，唱著，竟然唱出了眼淚

……故鄉人，今何在，常念念不忘……

那時唱這幾句歌時，心裡想著的是故鄉裡曾經帶養我的老祖母。

後來，我買了一本《世界名歌選》，其中就有《念故鄉》這首歌，急急翻到那一頁，想要知道是誰的作品。很意外，那首歌沒有作曲或作詞者的名字，只寫著「黑人靈歌」的字樣。

那時候，我對黑人的印象，只是家中所用黑人牙膏上的黑人。黑人露出一口雪白的牙齒，笑得蠻開心的樣子，為什麼會唱出那麼幽怨傷感的歌呢？

那要等到幾十年後，差不多走遍了世界後，才真正找到答案，也真正懂得其中的意義。

有一年，我去到捷克共和國，參觀了世界著名作曲家德弗

乍克的出生故居。那是一棟平凡的民屋，可以看出作曲家出身的貧寒。不過，讓我迷惑的是，在出口處的牆上，張貼著美國太空人登陸月球的海報，詢問後，有人笑著說：新世界啊！

原來所謂新世界，指的是德弗乍克著名的代表作品：《新世界交響曲》。

德弗乍克曾聘為紐約音樂學院院長，在新世界的美國從事音樂教學工作。教學的那幾年，他到美國各處旅行，常聽到黑人吟唱的曲調，並深受感動。當時的美國黑人，還處在奴隸地位哪！

美國歷史上，黑人是從非洲販賣而來的奴工，替大莊園地主從事墾植耕種的勞役。他們的故鄉遠在天邊，再也回不去了。他們在苦難中，從心靈深處流露出的心聲，就是所謂「黑人靈歌」。

德弗乍克在新世界生活期間，沒有一刻不想念他在舊大陸的故鄉，複雜的心情下，他創作了感動全世界人的《新世界交響曲》。其中的主旋律，就是他受黑人靈歌感動而譜成的。後來，這段旋律被人配上歌詞。那就是我小時候唱出了眼淚的《念故鄉》。

至於德弗乍克，他終於放棄了在美國的高薪高位高譽，回到他日夜思念的故鄉——捷克的波西米亞。他覺得好幸福呢！

德弗乍克

Antonín Dvořák

1841 ～ 1904

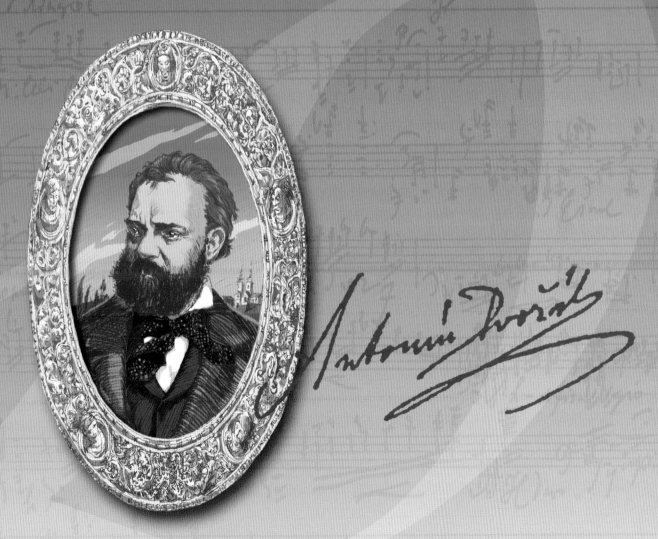

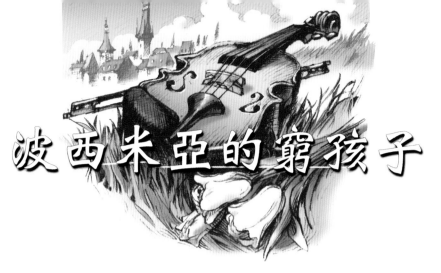

波西米亞的窮孩子

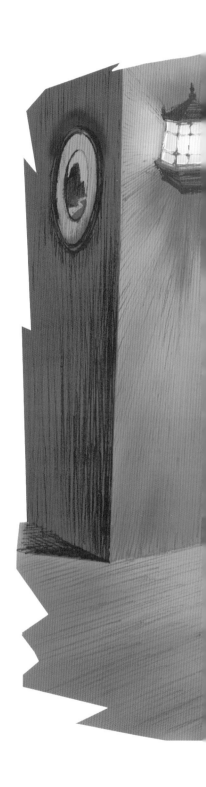

「爸爸，客人來了，好幾個耶。」

小酒店的門口，一個七歲大的小男孩那樣喊。小小年紀就懂得幫爸爸照顧生意了。坐在廚房酒櫃前的爸爸，一聽到兒子說客人來了，連忙起身準備小菜和酒，隨後招呼進門的客人一一坐下。

又吃又喝的客人，談得不亦樂乎，漸漸酒興大發，敲著酒杯、酒瓶唱起歌來；帶著樂器的人，也開始湊熱鬧的奏樂伴唱；還有人在歌聲樂聲中索性跳起了土風舞。小男孩看得興高采烈，趕緊上樓拿出自己的小提琴，跟著客人一起彈奏那些早已熟悉的鄉土樂曲。一個刻苦謀生的小酒店，頓時成為歡悅生活的大舞臺。

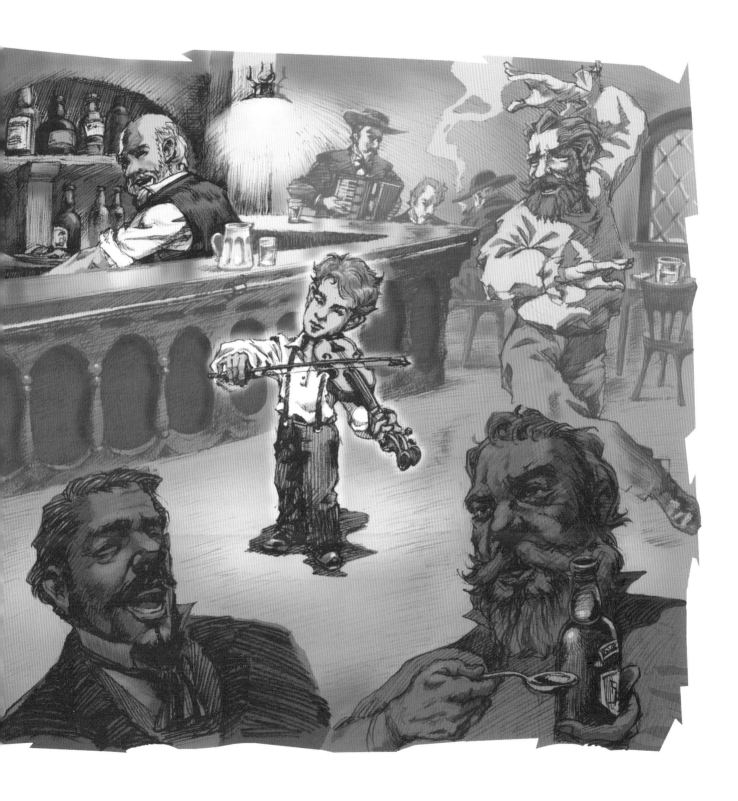

那個懂得營生的小男孩兒，就是後來成為捷克大作曲家的安東寧‧德弗乍克。那個小酒店，就是他於1841年出生的故居，座落於離首都布拉格只有十八英里的奈拉何乍夫小村莊。那些唱歌、跳舞、奏樂的客人，都是小村所屬波西米亞一帶的鄉民或旅客。

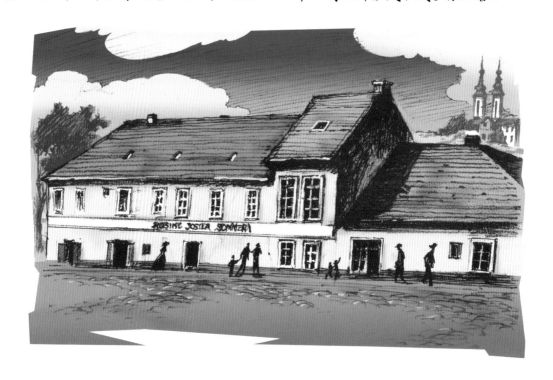

隸屬於捷克境內的波西米亞高原，歷史上稱之為「歐洲的樂舞之鄉」。有一句老話說:「哪裡有捷克（人），哪裡就有音樂。」歷史不管怎樣演變，波西米亞人都能保持他們的語文、歌謠，以及音樂的樂舞傳統。就因為這種特殊的民俗形象，「波西米亞人」這個名詞，後來衍用為形容生活浪漫多彩、個性鮮明自由的藝術家族群。

從小，德弗乍克就從爸爸那裡學會了拉小提琴，有時還跟著爸爸去不同的村鎮婚禮或集會中演奏。後來他又從鄉村學校老師那裡學會了拉中提琴、彈風琴，甚至鋼琴。爸爸原想讓這個長子將來繼承他的小酒店，但德弗乍克卻選擇了音樂。爸爸雖然不反對，可是也沒有錢送他去接受正式的音樂教育。

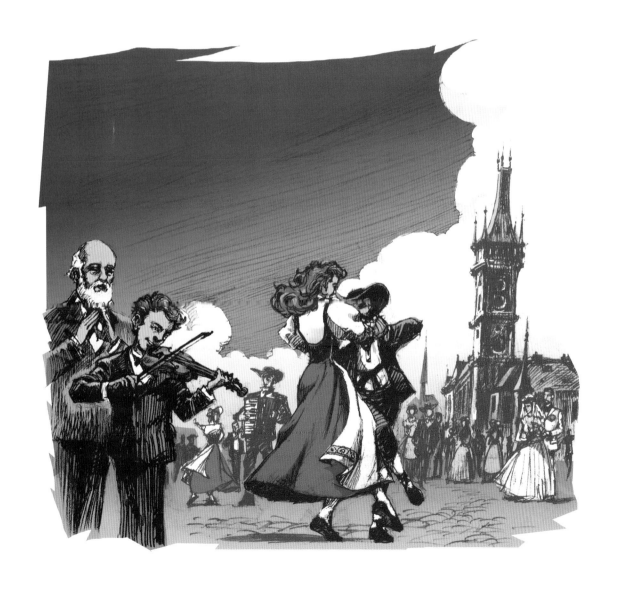

德弗乍克 ♪

還好德弗乍克的舅舅，因為沒有兒女，負擔較輕，願意在經濟上支持他進入布拉格的風琴學校，將來可以在教堂中做個專職風琴師。不幸，一年後，舅舅因家境困頓而終止了風琴學校的經濟支援。儘管失去了經濟支援，德弗乍克並沒有因此洩氣而停學，他決定自立更生。他教學生拉中提琴；此外他也參加樂團演奏，賺取生活費。就這樣有一餐沒一餐的，飽受生活磨難，終於從風琴學校畢了業。

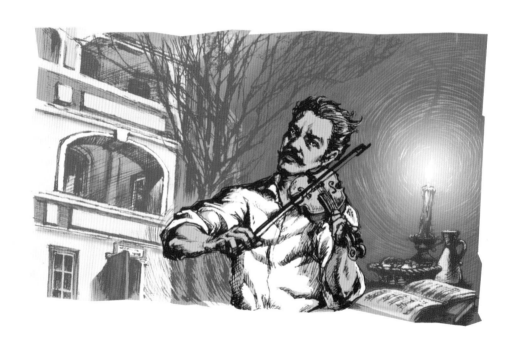

德弗乍克雖然可以在教堂中正式彈奏風琴，但是微薄的薪水也不足以維持生活。於是他加入了一個樂隊，由他主奏中提琴。這個樂隊有時在布拉格的高級餐館中演奏，因此不能不添加一些著名作曲家的作品。

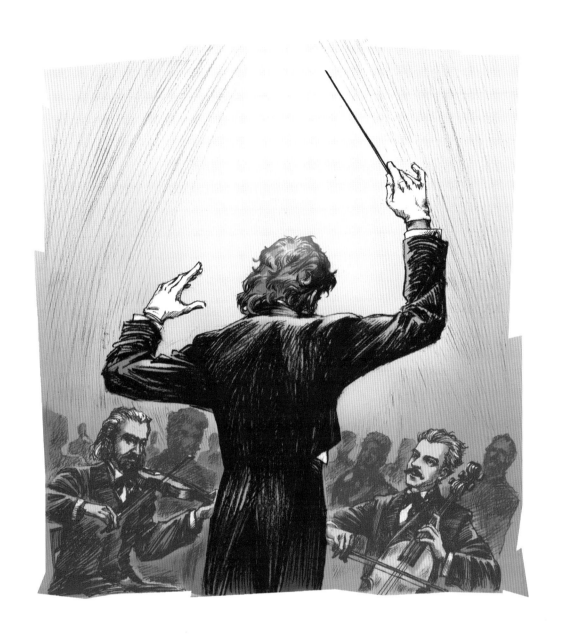

　　有一次樂隊演奏布拉姆斯的《匈牙利舞曲》，讓德弗乍克大開「聽界」，真正接觸體會到大作曲家的音樂作品，他倍感鼓舞。

　　樂隊漸漸的在布拉格音樂界有了名氣，終於被正式編入歌劇院的管弦樂團中。管弦樂團的演奏經驗，讓德弗乍克逐漸認識不同樂器的音效，以及不同樂章分段與和音的技巧，啟發了他日後對交響曲作曲的興趣。

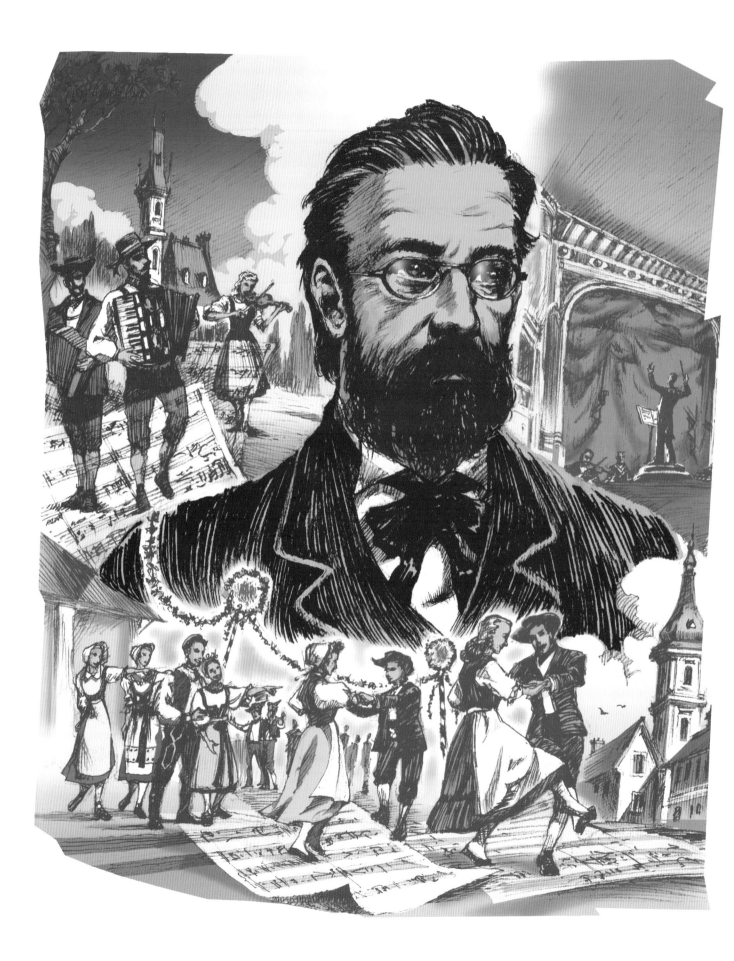

有一次，赫赫有名的樂劇家華格納歌劇指奏他來到布拉格歌劇院，親自指揮樂團演奏他自己的作品。

華格納是19世紀後半歐洲樂壇的閃亮巨星。因為他不受正式音樂教育成規的約束，敢於創新。德弗乍克也一樣未曾受過學院式的正規音樂教育，這次演奏讓德弗乍克有深刻的感受。他以為演奏大師們的作品，只能磨練技藝；唯有創造自己的音樂作品，才能表達個性和生命。這使德弗乍克加強了他對作曲的信念。兩年後，他悄悄的完成了他第一、第二號交響曲作品。

後來，布拉格歌劇院的管弦樂團指揮，換成一位極力提倡捷克民族音樂的歌劇作曲家——史邁塔那。德弗乍克參與了所有史邁塔那作品的演奏，自然而然，受到薰陶和影響，使他後來也積極從事民族音樂的創作，並對歌劇寫作發生濃厚的興趣。

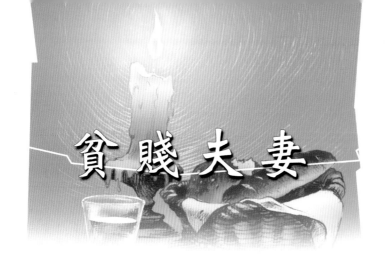

貧賤夫妻

　　在歌劇院合唱隊中，有一位唱女低音的小姐名叫安娜，原是德弗乍克私人教學時的女學生。在歌劇排練期間，兩人因經常見面而漸漸相愛。不過，安娜的父母是布拉格商界的中產階級，當然不會願意讓女兒嫁給一個窮光蛋音樂家，因而反對他們的婚姻。但德弗乍克並沒有因此而灰心。他知道，與安娜的終身大事，也等於是自己音樂前途上的毅力考驗。他必須以音樂上的成就，來證明他是值得安娜信愛的。

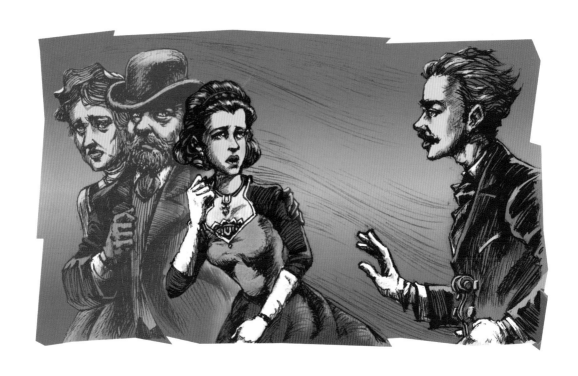

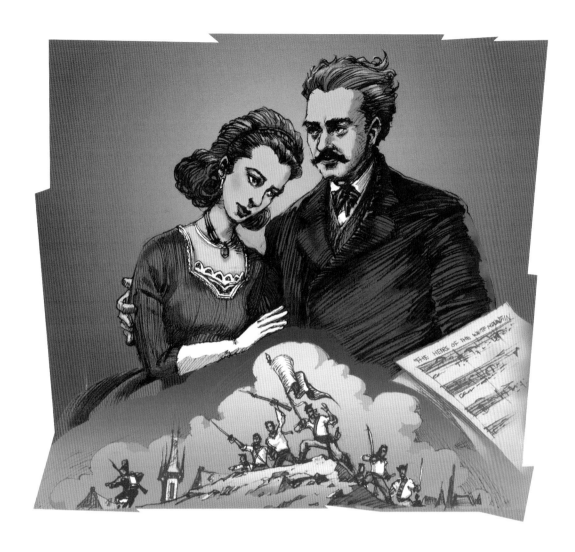

果然。

在 1873 年，德弗乍克完成了一部「肯塔塔」《白山傳人》。所謂「肯塔塔」，就是以交響樂伴奏的敘事體民謠合唱形式。這部肯塔塔取材於一首敘事長詩，詩中描寫 1620 年捷克人對抗奧地利的英勇故事。《白山傳人》在布拉格新城（布拉格市區分新城、老城）戲院演出後，好評如潮。德弗乍克從此開始揚名。安娜的父母，也就沒有再反對她和德弗乍克的婚事了。

第二年，他們終於結了婚。不過，這一對相愛的音樂伴侶，也無法將音樂和愛情當麵包吃，在現實生活裡，他們仍是一對貧賤夫妻。

當時，德弗乍克已經譜成了他第三、第四號交響曲。為了解決生活上的困難，他將這兩部作品，送交奧地利政府設立的清寒青年藝術家基金會，作為申請獎助金的競選作品。申請表中必須加附清寒證明書的公文。公文中這樣寫著：

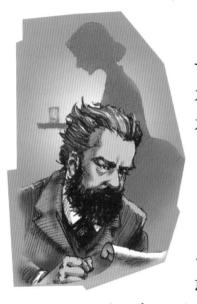

> 德弗乍克，音樂教師……已婚，一子，無家產。每月僅有一百二十六元捷幣收入，另外私人教學所得六十元。除此之外，別無其他資源。

申請的結果，為德弗乍克帶來四百元捷幣的額外收入。但是為數不多，他還必須以私人教學來補貼家用。不過他似乎天生就有一種教學的熱忱，這使他和學生之間總能維持親和密切的關係。

1876年，德弗乍克成為奈孚先生及夫人的音樂老師，以鋼琴伴奏教導他們倆唱歌。有時候還三個人一起客串表演。但是唱來唱去總是些差不多的德文歌曲，奈孚先生就建議德弗乍克寫些新鮮的歌曲來演唱。因此他便寫了十幾首歌謠式的對唱曲。

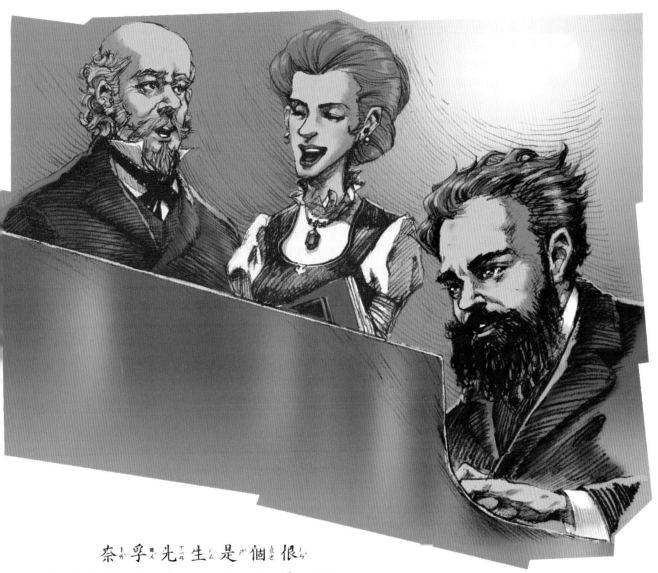

奈孚光生是個很
有錢的富商，他很喜歡
德弗乍克寫的新歌，便自掏腰包將這些歌曲
出版，還精裝了其中一些版本，分送給音樂
界人士和樂評家。並且，還私下將其中一本
寄贈給著名的作曲家布拉姆斯。這時候，布
拉姆斯已成為奧地利清寒藝術家基金會的主
持人。他十分欣賞德弗乍克的歌曲，又同情
他的清寒家境。於是，一連四屆，德弗乍克
都得到這個基金會的獎助金。

德弗乍克和布拉姆斯

　　說起來，一個人的成功，有時候，並不完全只靠自己的天分和努力，還要看他在奮鬥的過程中，會遇到什麼樣的人，又會得到什麼樣的幫助、鼓勵和啟發。一個人的人生歷程中，凡是和他發生關連的人和事，都是織成他命運的絲絲縷縷。

　　想想看，如果不是因為奈孚先生喜歡唱歌，又有錢出版德弗乍克寫的歌曲，而且，又心血來潮似的，私底下送了一本給布拉姆斯，德弗乍克的音樂前途便可能不一樣。可以說，對德弗乍克一生最有幫助，也有最有影響的人，就是布拉姆斯了。

　　當布拉姆斯看到德弗乍克那些歌曲時，他在喜歡欣賞之外，還十分熱心的寫了一封全力推薦這些作品的信，寄給音樂界出版家斯莫洛克，希望他能將那些用捷克文寫的歌曲，翻譯成德文或其他歐語而予以出版。布拉姆斯還特別在信中介紹德弗乍克：「……無疑，他是個極有天分才華的人，而且，他又那麼窮……」在信末，布拉姆斯又強調了一句：「這些歌曲，我相信一定會暢銷。」

果然，那些歌曲由斯莫洛克出版後，德弗乍克的聲名便由布拉格傳揚到其他歐洲國家。也由於布拉姆斯的讚賞和推動，德弗乍克的音樂事業也開始走上坦途。

那麼，布拉姆斯為什麼那樣欣賞德弗乍克，又這麼全心全力來幫助他呢？對了，我們中國人有「知音」這個字眼，恰好可以用來形容這兩個音樂家。

作品就是心靈之音，兩顆相似的心靈遇合感通時，就會產生和諧的共振。這樣說，也許太玄了點，那就拿事實來解說吧！他們倆，除了在貧窮中成長的背景相似外，性格上也很相似，都是真誠、單純、以及善良的人。

此外，他倆都喜歡民間音樂。布拉姆斯作《匈牙利舞曲》，德弗乍克作《斯拉夫舞曲》，一先一後，相互應和。

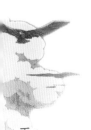

　　1878 年 12 月，德弗乍克特地乘火車，到維也納拜望布拉姆斯，兩個忘年知音，相見不恨晚。自此兩人間情誼更加親切。

　　布拉姆斯在維也納孤獨的離世時，德弗乍克還趕往參加葬禮，並為喪禮儀隊親執火炬，以示「永恆感恩之情」。

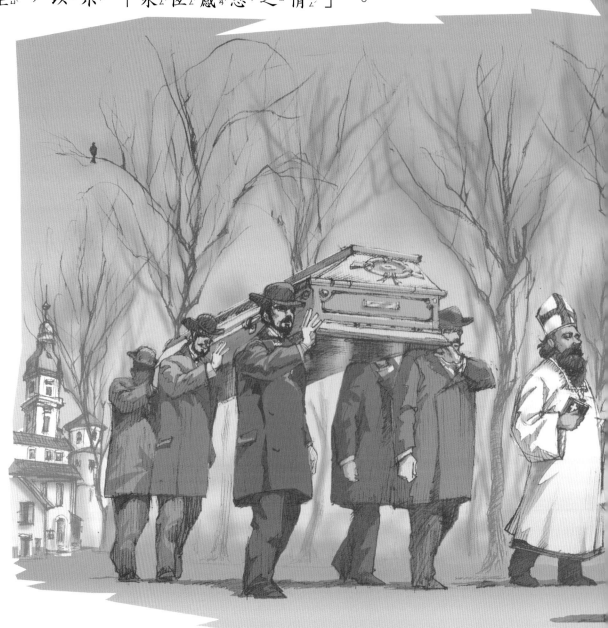

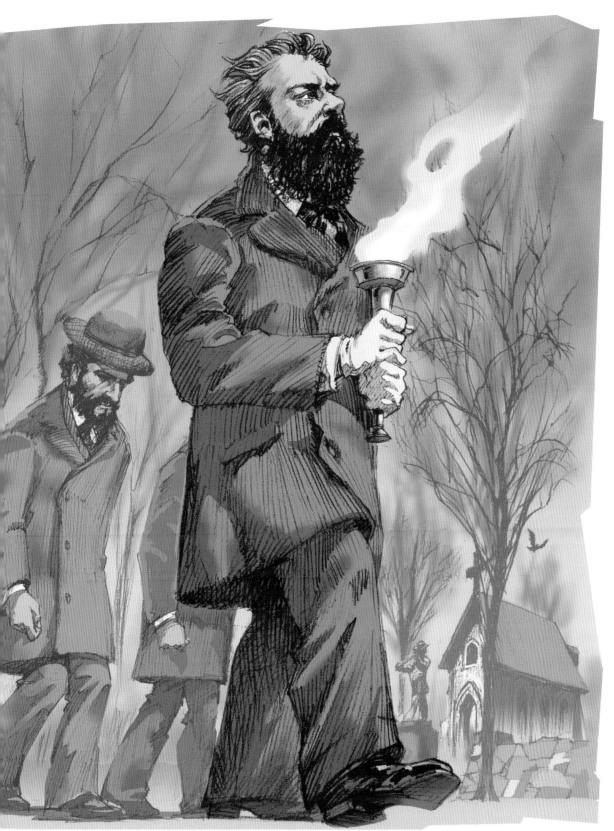

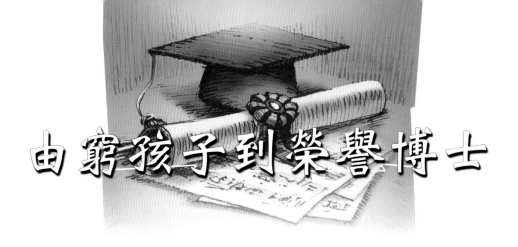

由窮孩子到榮譽博士

　　聲名大振後的德弗乍克，曾經前後三次被邀請，在英國倫敦為他的作品公開演奏，受到英國人最高的推崇和讚美。劍橋大學因為演奏會的空前成功，特別頒給他一個音樂最高成就的榮譽博士學位。

　　在博士學位的頒授儀式典禮中，德弗乍克躋身於英國上流社會，這些參與典禮的人士，個個都說古典拉丁文，以表示莊重和嚴肅，讓德弗乍克聽得一頭霧水。他後來在信中這樣寫著：「……我永遠不會忘記他們把我變成博士的那種場合，人人都一本正經，好像他們生來就只會說拉丁文似的。我真恨不得逃到世界上一個什麼角落裡去……」博士學位的「榮譽」，反而讓他覺得很窘呢。

　　這個在鄉下長大的音樂家，性格天生素樸，不喜歡人為的繁文縟節和矯情做作。幾乎所有的樂評家或聽眾，都會在聆聽他的音樂之後，或者接觸他本人時，不約而同的感到，他是一個單純、率真、甚至天真無邪的人。無疑，這就是德弗乍克的藝術家本質。

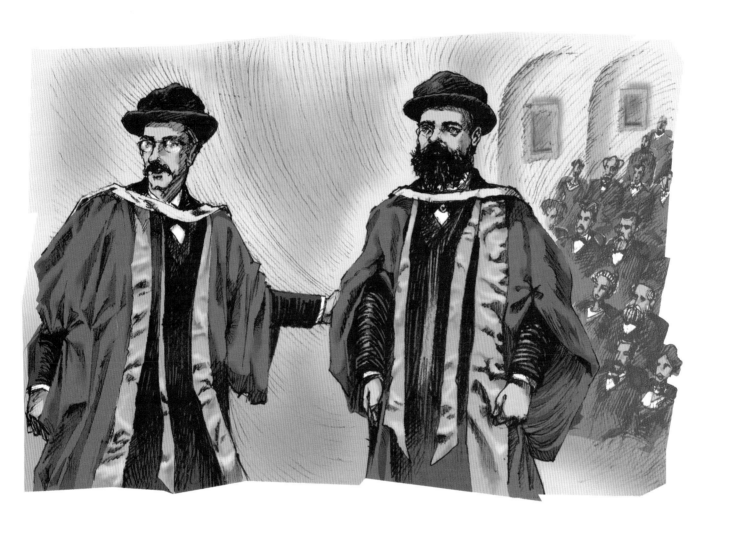

　　繼劍橋大學之後，布拉格的查爾士大學也頒給德弗乍克一項哲學榮譽博士學位。對一個沒有受過什麼高深教育的人來說，一下子成為雙料博士，真是做夢也想不到。

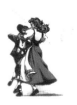

德弗乍克 *19*

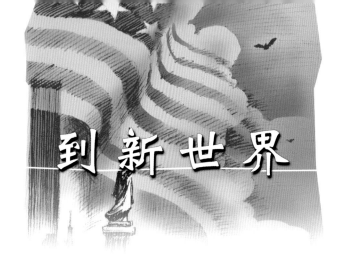

到新世界

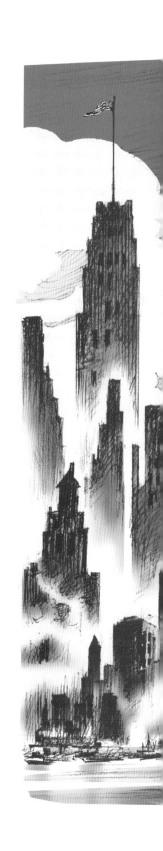

　　漸漸的，德弗乍克的音樂聲譽，已不只限於歐洲所在的「舊大陸」了。

　　1891 年春天，德弗乍克收到一份電報，邀請他擔任紐約音樂學院的院長。薪水是一年一萬五千美元。在那個年頭，這是一份驚人的巨大金額。僅僅一年的收入，就相當於德弗乍克一輩子所有作品出版、演奏以及教學所得的總和。德弗乍克和妻子商量，為了日後生活及孩子的教育費著想，決定接受那個職位，並簽下兩年的合約。

　　於是，就在同年秋天，德弗乍克帶著家人抵達紐約，展開他在新大陸的教學生涯。他在教學上，既對學生要求嚴格，又具有啟發性。他鼓勵學生要獨立，並勤於工作，更要經常思考。他還被稱為「藝術家教師」。

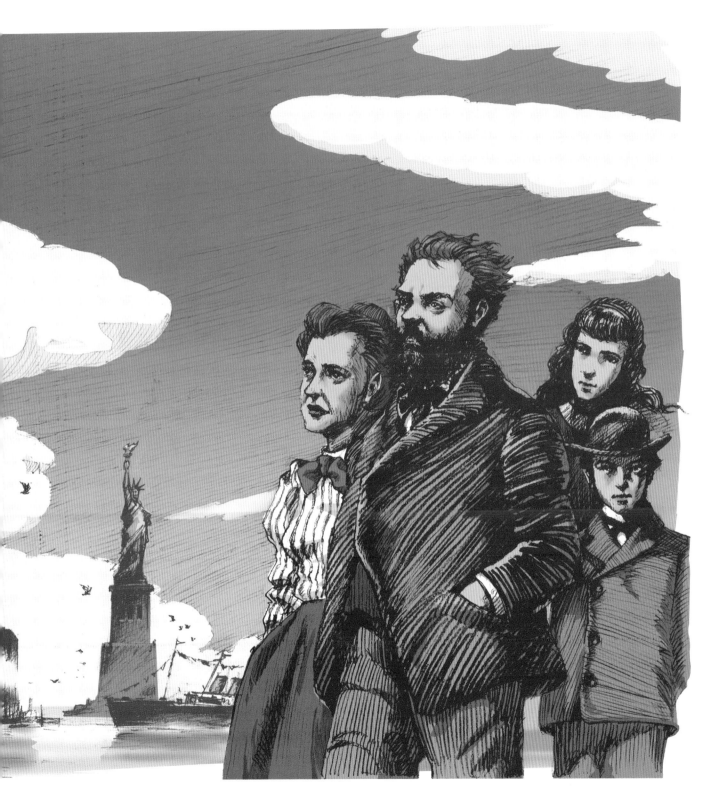

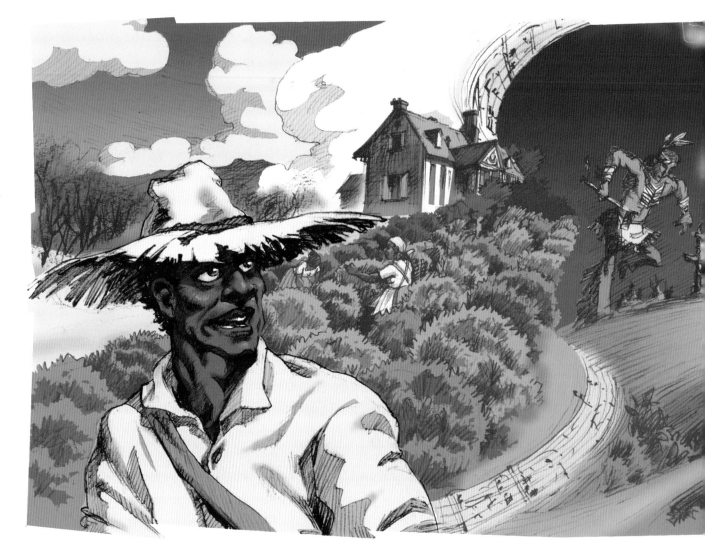

　　他自己經常思考的便是「什麼是美國音樂」這個問題。美國是個移民國家，大都來自舊大陸，一般音樂界仍被歐洲音樂傳統所領導。他自己一向不喜歡學院派的舊傳統，他的音樂作品，大都從波西米亞鄉土樂舞的生命感中汲取靈感。

　　可是，究竟怎樣才是美國音樂呢？

　　德弗乍克經過長期觀察、傾聽以及感受後，下了結論。他認為新世界的真正音樂之

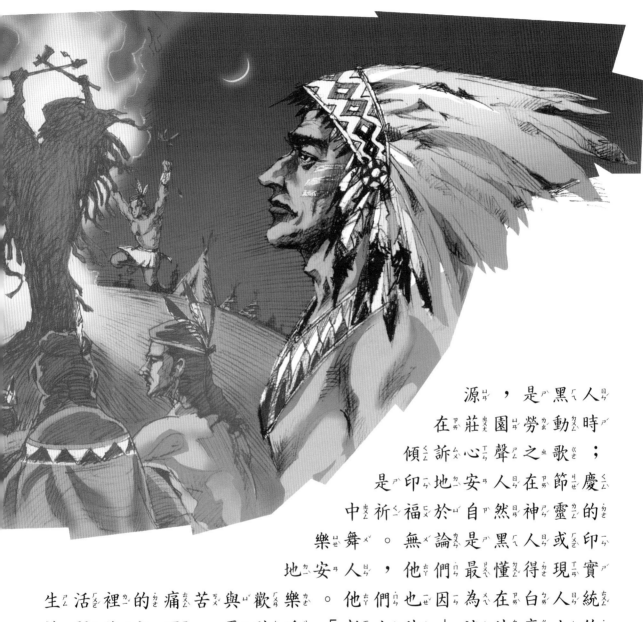

源，是黑人在莊園勞動時傾訴心聲之歌；是印地安人在節慶中祈福於自然神靈的樂舞。無論是黑人或印地安人，他們最懂得現實生活裡的痛苦與歡樂。他們也因為在白人統治驅使之下，更貼近「新大陸」這片廣大的土壤。他們的心聲，才是「新世界」中振動得最有力也最真實的旋律。

　　也就在美國生活期間，德弗乍克一面教學，一面旅遊，一面想念家鄉故國，在種種心情的交織下，他譜寫出第九號交響曲，也就是他最有名、最為全世界愛好音樂的人所喜歡聆賞的《新世界交響曲》。

　　像其他交響曲形式一樣，《新世界交響曲》也分為四個樂章：

　　第一樂章以大提琴開始，慢慢奏出一種像嘆息也像沉思的旋律。意味著美國拓荒時代中，那一片空曠壯麗的河山大地。

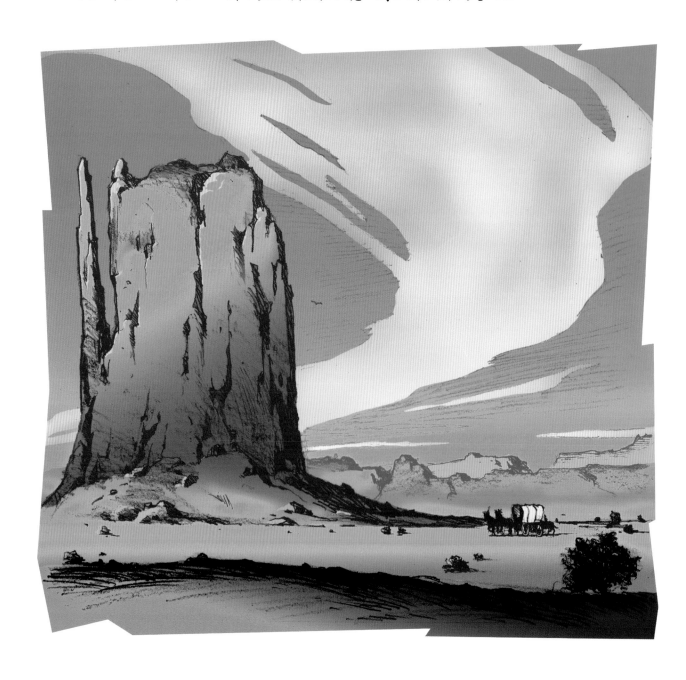

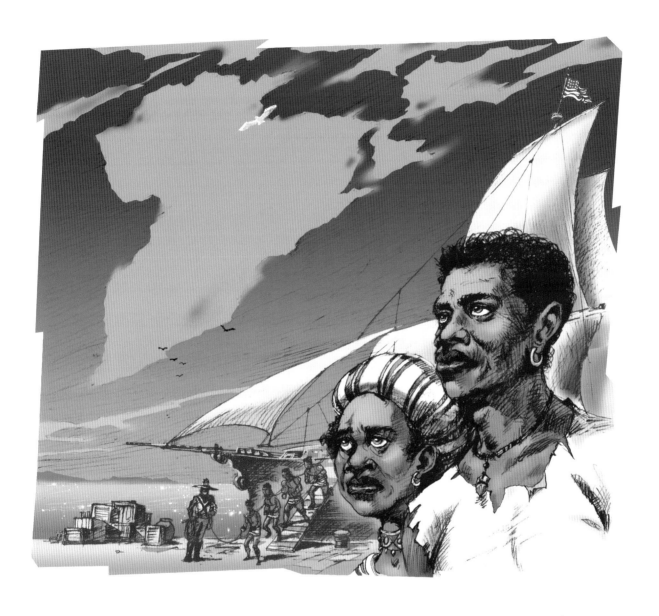

　　第二樂章開始引出悠遠哀怨的主旋律，
暗示出在這片廣大的土地上，從事墾植勞動
的黑人生涯。他們是從非洲被賣到美國的奴
隸，自己的家鄉遠在望不到的天一方。這曲
旋律是那樣優美，又那樣哀傷。後來有人按
譜作詞，於是世界上便有了《念故鄉》這首
名歌。

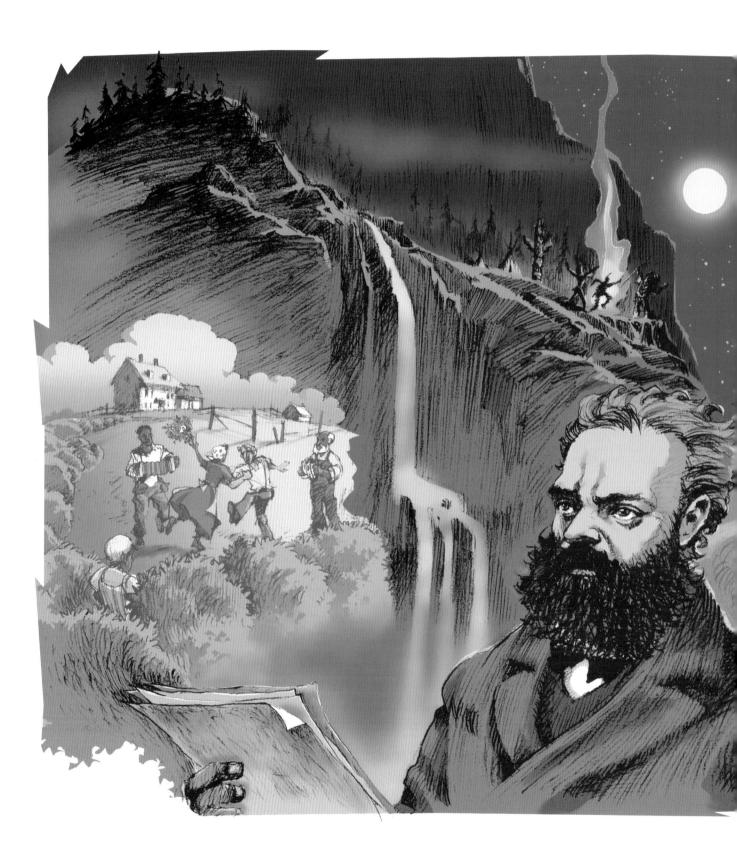

第三樂章則呈現出快板「詼諧曲」的調子。所謂詼諧曲，英文是 Humoresque 。但不一定像英文字面那樣指幽默愉悅的曲調，本質上，它是一種溫馨而有人情味的樂曲。在這樂章裡包含了農民土風舞曲，及印地安人的節慶鼓樂。

第四樂章是一種熱情的快板。代表在這片土地上生活的人，從艱苦中培養出勇敢奮鬥的精神，克服困難，開創出光明的前途。樂章結尾是十分雄壯的。

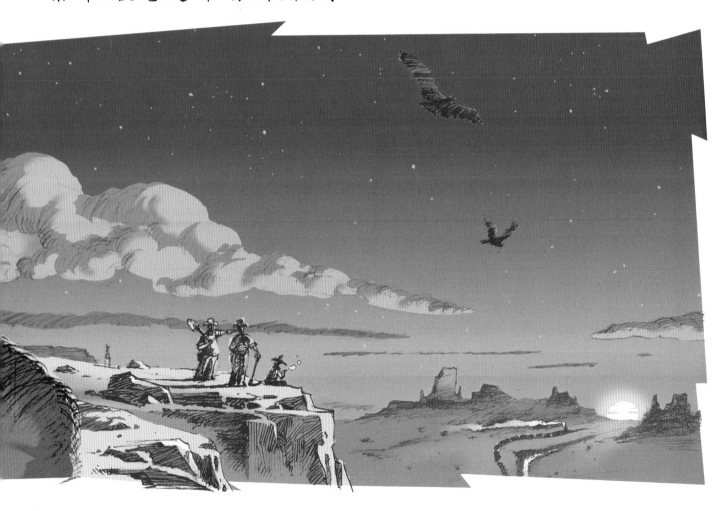

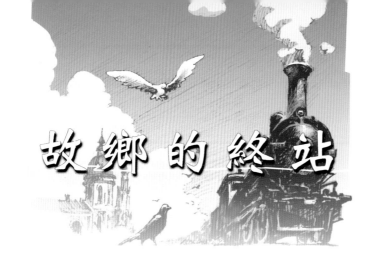

故鄉的終站

　　1893 年 12 月 16 日《新世界交響曲》第一次在紐約這個大都會公開演奏。演奏會可說是空前的成功。各種新聞媒體都在第二天不約而同的讚美:「沒有一個作曲家曾有過那樣成功的演奏會。」

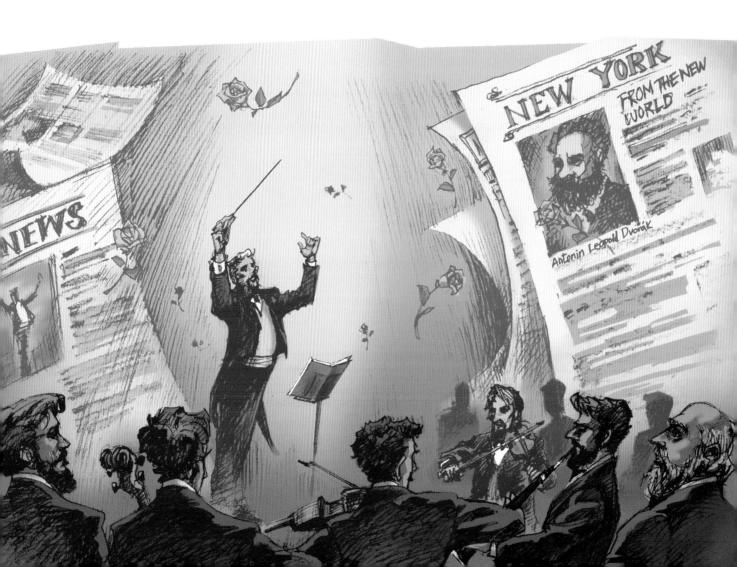

不過對德弗乍克來說，崇高的讚譽、豐厚的薪水，都不足以減少他對故鄉的思念。終於，他帶著家人，於1895年的冬天回到布拉格，任教於布拉格音樂學院，後來成為這個音樂學院的院長。

　　德弗乍克回到故鄉的第二年，有音樂之都雅號的維也納，首輪演奏了《新世界交響曲》，歐洲各國都愈來愈喜歡德弗乍克的音樂。不過，他的作品常讓樂評家感到困惑，不知該從哪裡著手評析。

　　他的音樂是自成一格的，如果有人問起他在作曲上的師承問題，他的腦中便立即反映出那一片熟悉的波西米亞鄉野。心裡也立即感到溫暖踏實。他總是這樣回答：「我的老師是鳥、是樹、是河、是神、是我自己。」

　　這個「自己」，是他的音樂作品根源。而他的生命根源，則出自那片波西米亞的自然，和人文天地。

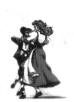

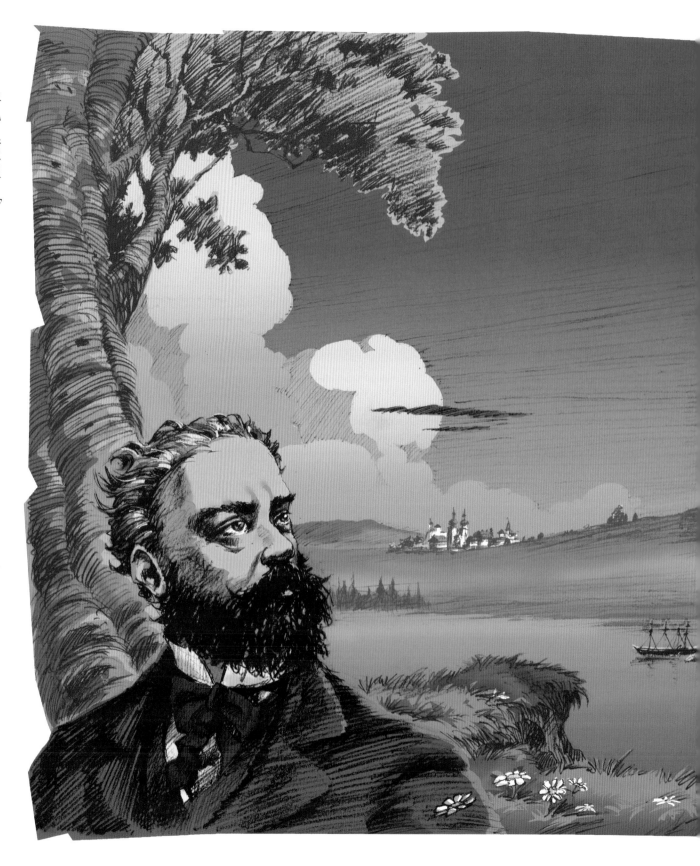

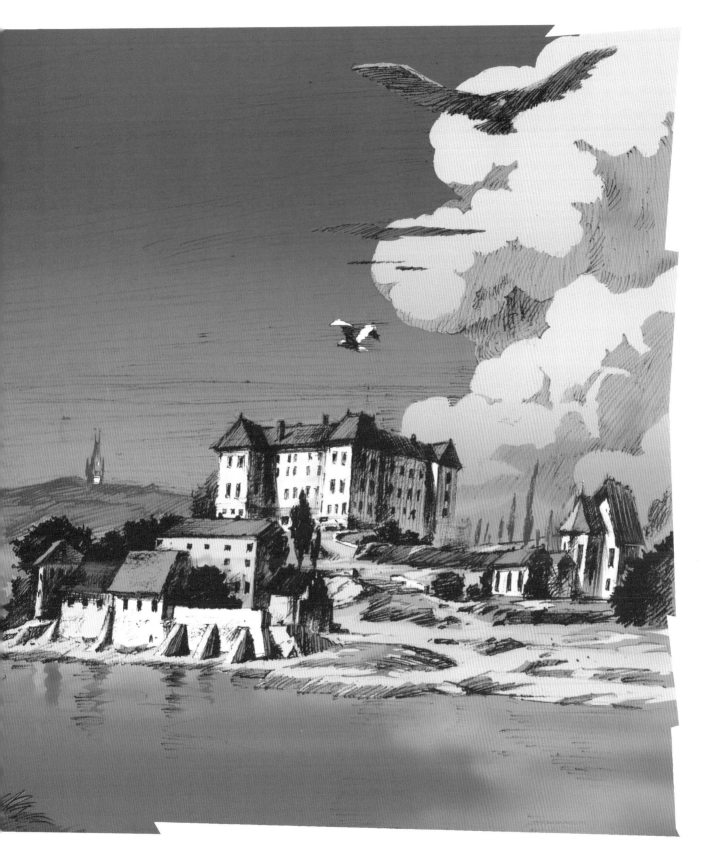

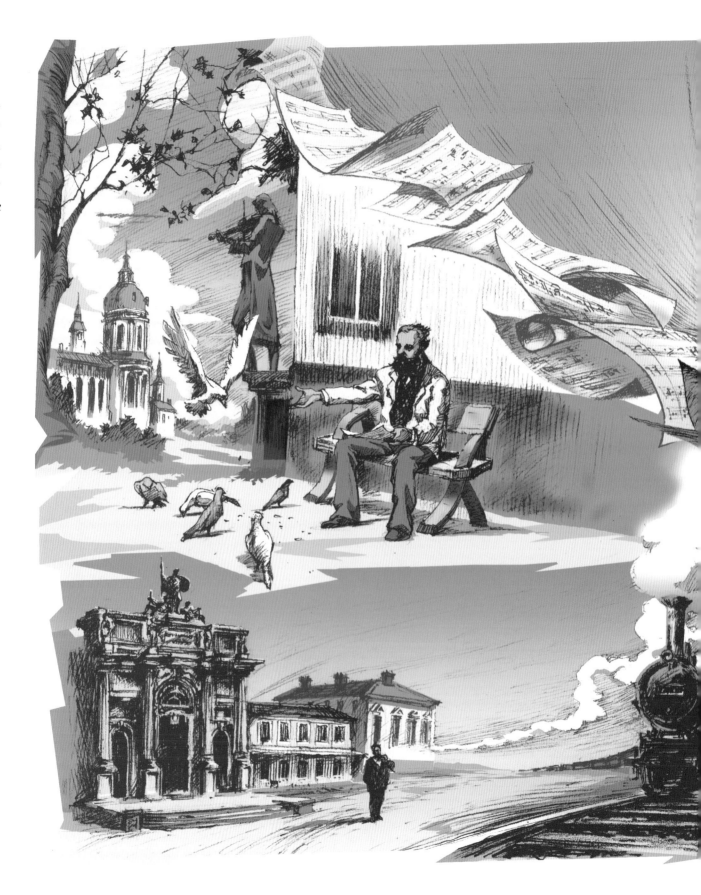

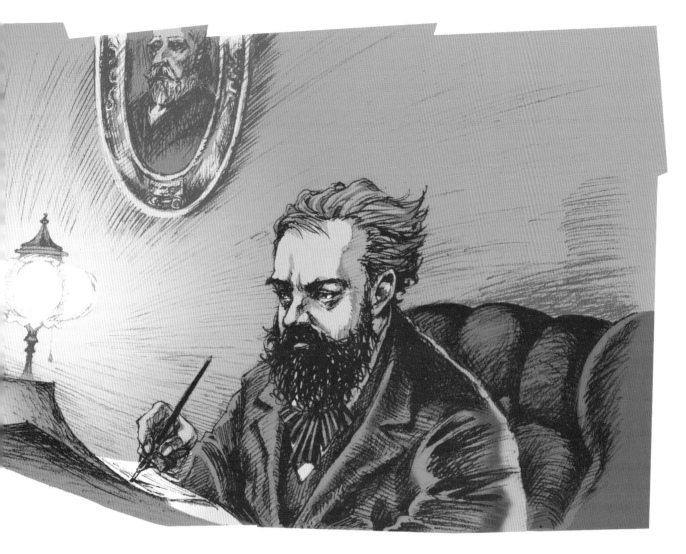

　　德弗乍克一生的作品很多，而且作品形式多彩繁富。對照起來，他的人生，卻十分的單純。他愛故鄉、愛家庭、愛朋友、愛學生。有一種單純的幸福。在嗜好上，他也一樣顯得單純。鄉居度假時，他就喜歡餵養鴿子；城居工作之餘，他就喜歡去看火車。

　　餵養鴿子，或許是因為他喜歡鴿子的品質。牠們是忠貞的飛禽，平時十分溫順，一但負有使命，便會百折不撓。而且牠們永遠忠於飼主，也永遠會飛回「故居」。

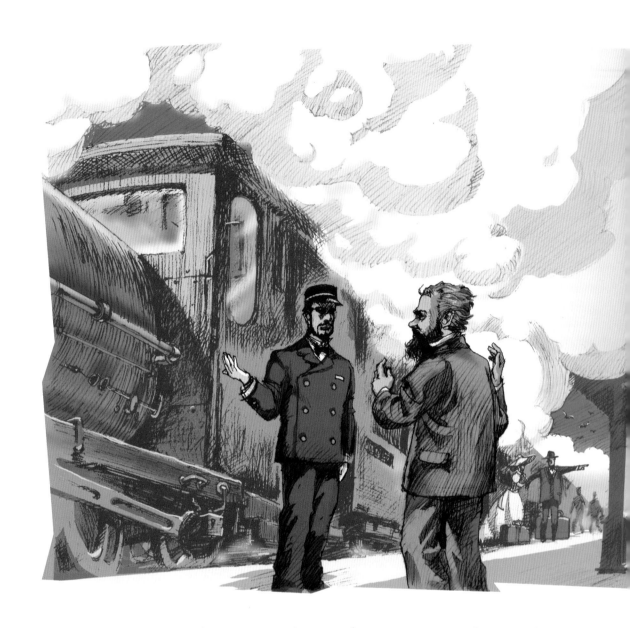

　　至於看火車，更是由來久遠。自從他這個鄉巴佬來到布拉格上風琴學校，他便對火車著了迷，百看不厭，簡直看了一輩子，越看越迷。

　　只要一有空，德弗乍克便去火車站，那裡的月臺是可以自由出入的。到月臺時，如果火車已進站，他便趁著乘客上下的時間，和火車司機打交道，詢問種種有關火車的問

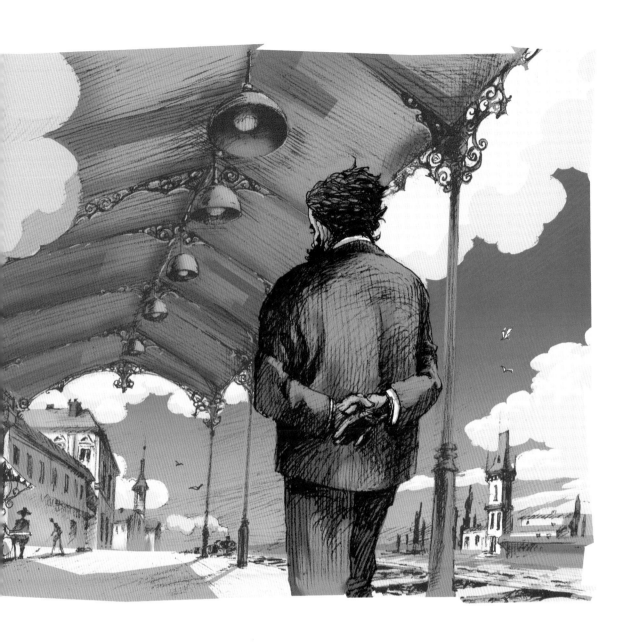

題，甚至不放過火車沿途經過的村鎮情景。漸漸的，他心目中的火車已不僅是偉大的機器，也是一種生命的載體。如果火車還沒有進站，他便在月臺上等待，靜靜的聆聽火車的節奏，由隱約到清晰。然後，汽笛一響，火車昂然進站。停下來，放出嘶嘶白氣。來布拉格的人，就到達了終站。

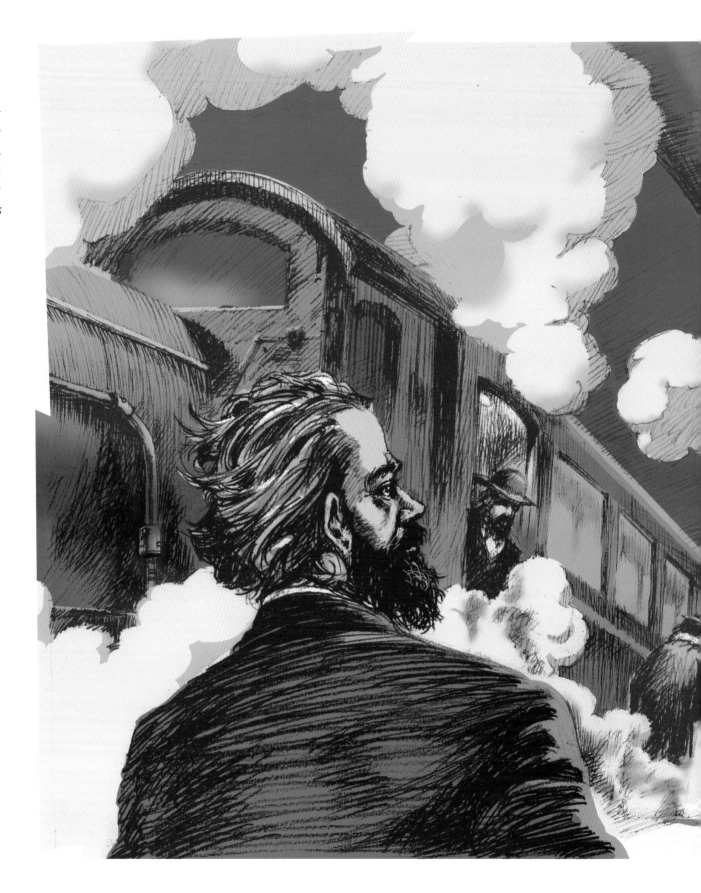

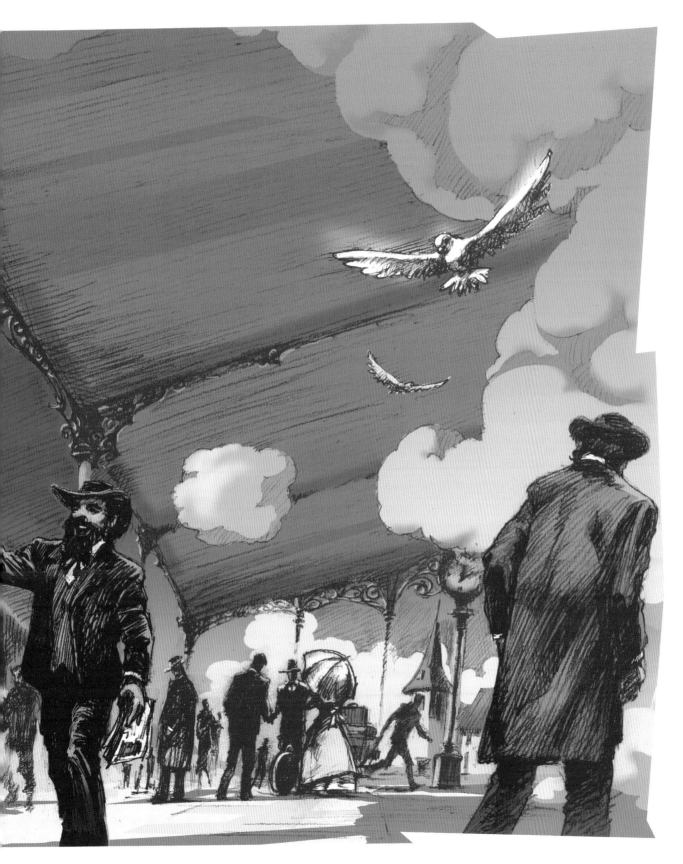

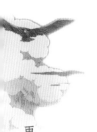

　　1904 年 3 月 25 日，德弗乍克最後一部歌劇作品《阿美達》在布拉格國家劇院上演。中間，他忽然覺得很不舒服，便提早離席回家。後來經醫生檢查，發現他的腎臟有病，必須好好休養。

　　可是，3 月 30 日那天，德弗乍克又忍不住去火車站看火車了。月臺上的風寒使他著涼了，從此一病不起，那就是他最後一次看火車了。

　　也許，我們可以想像他站在月臺上看火車的心情，他的一生不也像火車嗎？在一定的軌道上奔赴前程，載負了旅程中的悲歡離合，歲月中的雨雪陰晴，還有，不斷推進的音樂節奏。

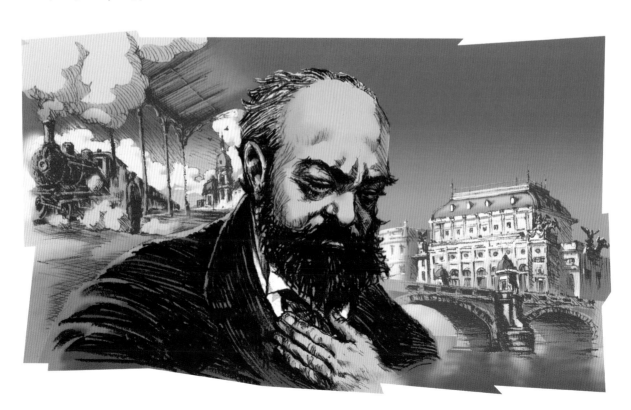

到了 5 月 1 日那天，久病的德弗乍克，忽然覺得精神不錯，便下床和家人談天，並一起吃午飯，好像告別一樣。飯後不久，他就在突發的心臟病中去世了。

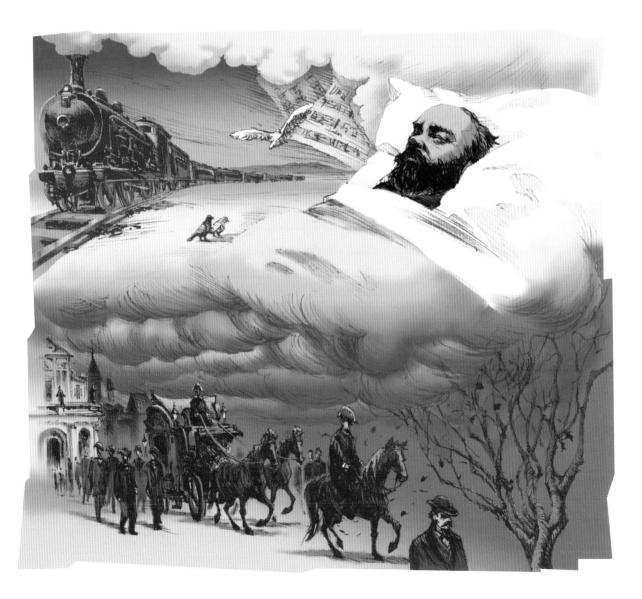

他生命的列車抵達了終站。

Antonín Dvořák

德弗乍克

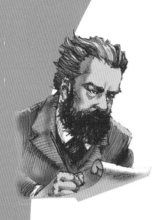

德弗乍克 小檔案

1841年	出生於布拉格附近的小村莊。
1849年	8歲入小學，接受音樂啟蒙教育。
1857年	進入布拉格音樂院前身的「風琴學校」就讀兩年，取得風琴師與合唱指揮的資格，後因無此職缺，轉而拉奏中提琴。
1873年	結束擔任了14年之久的中提琴手工作，成為教堂風琴師。完成肯塔塔《白山傳人》。
1874年	與安娜結為夫妻。
1876年	成為富商奈孚夫婦的音樂老師。
1878年	到維也納拜望布拉姆斯。
1884年	應邀訪問倫敦，前後共九次。
1891年	到紐約音樂學院擔任院長。
1893年	《新世界交響曲》在紐約首演。
1895年	完成《大提琴協奏曲》。回到布拉格，任教於布拉格音樂學院，後來成為音樂學院的院長。
1898年	奧國政府授予藝術科學名譽勳章。
1904年	3月25日《阿美達》在布拉格國家劇院上演。5月1日病逝。

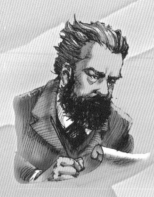

德弗乍克 寫真篇

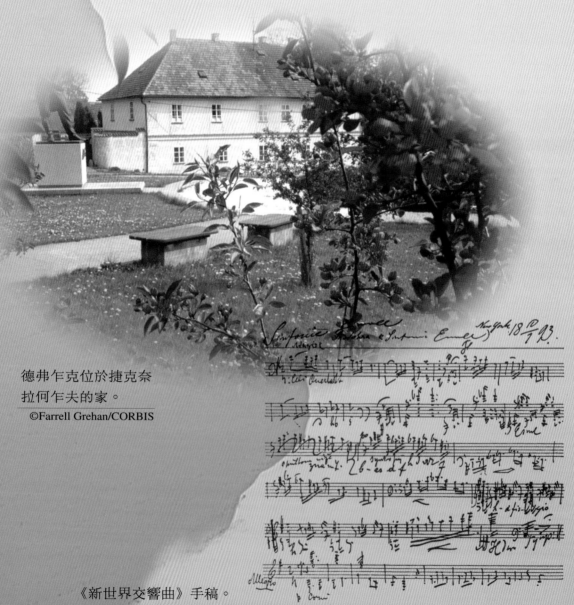

德弗乍克位於捷克奈
拉何乍夫的家。
©Farrell Grehan/CORBIS

《新世界交響曲》手稿。

德弗乍克位於布拉格的墓碑。
©Bodo Bondzio

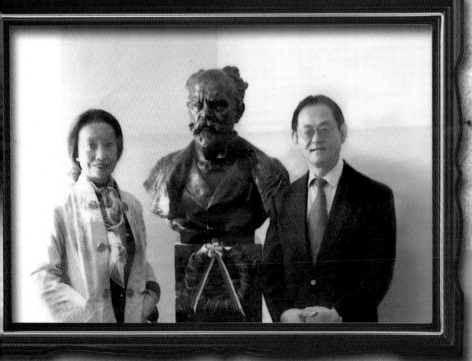

作者夫婦與音樂家雕像的合影。

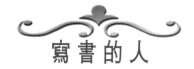

寫書的人

程明琤

　　出生於巴黎，她的父母都是當年的法國留學生。被寄養在法國家庭的小明琤，或許不是很快樂，也因此養成自找快樂的本領。

　　從小她就不愛和別的孩子玩耍，只愛一個人自己讀故事書。由故事天地漸漸走入文學領域，也是順理成章的事。

　　臺大中文系畢業後，因得到耶魯大學全額獎學金而赴美留學。畢業後，在大學教書並從事寫作直到現在。她已有十幾本散文集出版。《再見，新世界 —— 愛故鄉的德弗乍克》是她第一本寫給小朋友的書。現在，她最大的心願就是：小朋友會喜歡這本書。

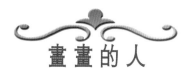

畫畫的人

朱正明

　　生於高雄縣六龜鄉，小時候全家北遷，現居臺北市。畢業於國立藝專美術科西畫組，2000年考取國立師範大學美術研究所西畫創作組。

　　朱正明天性酷好天馬行空及操弄線條、顏色。已經記不得他開始握筆塗鴉的確切年紀，聽長輩說大概是四歲左右，舉凡報紙、包裝紙等，逢紙必塗。求學期間更不喜歡呆板枯燥、白紙黑字的課本，所以常常「盡其所能」的在課本空白的地方塗鴉上色，以自滿自娛。

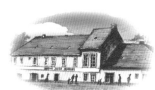

　　他認為一篇精彩的文章或是一本傑出作品，雖然不一定要用美美的圖片相襯，但是如果有圖相佐，無疑地更能增加作品的可讀性。

　　一篇高妙的思想文字，可說是人類文化智慧的瑰寶；至於一幅幅精巧引人的圖像，不應也是嗎？

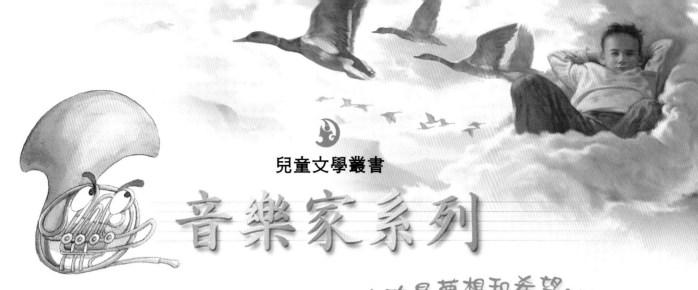

兒童文學叢書

音樂家系列

沒有音樂的世界，我們失去的是夢想和希望……

每一個跳動音符的背後，到底隱藏了什麼樣的淚水和歡笑？

且看十位音樂大師，如何譜出心裡的風景……

由知名作家簡宛女士主編，邀集海內外傑出作家與音樂工作者共同執筆。平易流暢的文字，活潑生動的插畫，帶領小讀者們與音樂大師一同悲喜，靜靜聆聽……

兒童文學叢書

文學家系列

第五屆人文類小太陽獎

行政院新聞局第十八次推介中小學生優良課外讀物

「好書大家讀」活動推薦(1999)

《解剖大偵探——柯南·道爾vs.福爾摩斯》

榮獲1999年度最佳圖書

榮獲第五屆
人文類小太陽獎

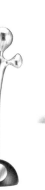

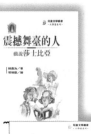
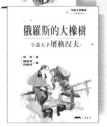

震撼舞臺的人
戲說莎士比亞

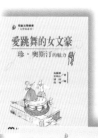
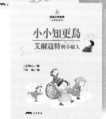

愛跳舞的女文豪
珍·奧斯汀的魅力

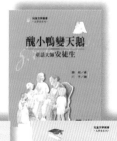
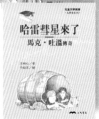

醜小鴨變天鵝
童話大師安徒生

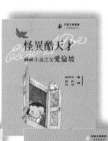
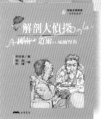

怪異酷天才
神祕小說之父愛倫坡

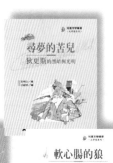
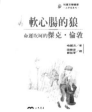

尋夢的苦兒
狄更斯的黑暗與光明

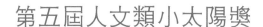

俄羅斯的大橡樹
小說天才屠格涅夫

小小知更鳥
艾爾寇特與小婦人

哈雷彗星來了
馬克·吐溫傳奇

解剖大偵探
柯南·道爾與福爾摩斯

軟心腸的狼
命運坎坷的傑克·倫敦